LEVOČA

FÜHRER DURCH DIE STADT UND UMGEBUNG

© BAMBOW

Ján Tokár, František Dlugoš
Virgínia Rozložníková
Štefan Péchy

**FÜHRER DURCH DIE STADT
UND UMGEBUNG**

Einführung

Auf der Hauptstraße in östlicher Richtung von Poprad kommend, kaum 40 km von der Hohen Tatra, hinter einer leichten Kurve erscheinen vor uns ganz unerwartet auf einem Hügel Umrisse einer mittelalterlichen Stadt. Das Bild wirkt märchenhaft und wenn Sie abends kommen, schimmern ihre Lichter in die Ferne wie Juwele. Rufen wir zusammen mit dem Poeten: „Halt an, Wanderer!". Ja, dort auf dem Hügel ist Levoča. Das Zentrum der Zips, in dem gefühlvolle menschliche Hände während Jahrhunderten eine Pracht aus Stein und Holz schufen, ihr Wissen, ihr Herz und ihr Gefühl auf sie aufgewandt. Sie ist verkörpert in einer unzähligen Menge von historisch-künstlerischen Denkmälern aus der Zeit der Gotik und der Renaissance. Ihre Qualität und ihr Reichtum stellen Levoča an eine führende Stelle unter den europäischen Städten. Das Panorama der Stadt und ihre einzigartige Atmosphäre wird nicht nur von aufgeschlossenen Besuchern und Touristen, sondern auch von Künstlern, Fotografen und Filmemachern aufgesucht. Mehreren, oft auch ausländischen Regisseuren boten die Plätze und Straßen der Stadt die erträumte Kulisse für ihre Filme.

Levoča liegt in einer Höhe von 571 m über dem Meeresspiegel, am südlichen Fuße der Levoča-Berge, von einem Kranz von Hügeln umgeben, von denen der Wahlfahrtsort Marienberg am bekanntesten ist. Künstlerische und geistige Schätze, für die Levoča zum städtischen Denkmalschutzgebiet erklärt wurde, sowie auch Naturschätze finden wir nicht nur in der Stadt, sondern auch in ihrer Umgebung. Ob wir uns in östliche Richtung, wo Spišská Kapitula, die bekannte Zipser Burg und weitere historische und Naturkostbarkeiten zu finden sind, in südliche Richtung in den Nationalpark Slowakisches Paradies oder ob wir uns in den Westen in unser Hochgebirge Hohe Tatra begeben, es ist fast unglaublich, daß im Herzen von Europa, in der Region mit dem Namen Zips so viele Kunstdenkmäler und Natur von ungewöhnlicher Schönheit erhalten blieben, wo jeder Besucher etwas seinem Herzen Nahliegendes findet. Also treten wir ein in die freie königliche Stadt Levoča und lauschen dem Erzählen von ihrer Geschichte.

Gesamtblick von der Stadt

Strassen-Verzeichnis

B Baštová
Bottova

D Dlhá

F Fraňa Kráľa

G Gašpara Heina
Gerlachovská
Gustáva Hermana

H Hradby

J Janka Francisciho
Jozefa Czauczika

K Kasárenská
Kežmarská cesta
Kežmarská ulica
Kláštorská
Košická
Krátka
Kriváncka
Kukučínova

L Lesná
Lomnická
Lúčna

M Mäsiarska
Mengušovská
Michala Hlaváčka
Móricova
M. R. Štefánika

N Nad tehelňou
Nám. Majstra Pavla
Nám. Štefana Kluberta
Nová
Novoveská cesta

O Okružná
Ovocinárska

P Pod vinicou
Poľná
Popradská cesta
Potočná
Predmestie
Prešovská cesta
Pri likérke
Pri podkove
Pri strelnici
Probstnerova cesta

R Ružová

S Sadová
Sirotínska
Slavkovská
Staničná
Stará hrhovská cesta
Stará kežmarská cesta

Š Špitálska
Športovcov
Štúrova

U Uhoľná

V Vetrová
Viktora Greschika
Vodárenská
Vysoká

Z Za sédriou

Ž Ždiarska
Železničný riadok
Žiacka

Blick auf das Rathaus aus östlicher Richtung

LEVOČA IM LAUFE DER JAHRHUNDERTE

Das alte Levoča

Schicksale der alten Städte sind mit Schicksalen der Menschen verbunden. Wenn wir nach uralter Vergangenheit suchen, kommt die Archäologie zum Wort. Forschungen bewiesen, daß die Stadt und ihre Umgebung schon in jüngerer Steinzeit bewohnt war. Man fand Siedlungen von Menschen der Voluten- und buchenwäldischen Kultur, hier lebte der Mensch - Schöpfer der kannelierten Keramik, ihre Siedlung und Urnengräber hatten hier auch Menschen der Lausitzer Kultur aus jüngerer Bronzezeit. In Form von verschiedenen Entdeckungen hinterließen hier unsere Vorfahren aus der La-Téne-Zeit und ebenso Bewohner einer slawischen Siedlung aus der grossmährischen Zeit ihre Spuren.

Wie entstand die mittelalterliche Stadt, wie wuchs sie zur Gestalt, in der wir sie heute sehen? Stand sie immer an derselben Stelle? Wo lag das alte Levoča? Wenn wir diese Fragen dem heutigen Bewohner von Levoča stellen, wird er uns zu einer Anhöhe führen, die sich auf der linken Seite der Strasse von Levoča nach Spišská Nová Ves befindet. Unter dem Hügel, der auch heute unter dem Namen Altes Levoča bekannt ist, gruben die Archäologen die Fundamente einer romanischen Kirche von beträchtlichen Abmessungen aus: ihre Länge ist 23,5 m, die Breite des Schiffes 12 m und die Apsis ist etwas über 8 m groß. Es war die Kirche des hl. Nikolaus aus der Zeit der Jahrhundertwende vom 11. zum 12. Jahrhundert. Hier, an der Kreuzung alter Handelswege lag auch eine alte slowakische Ansiedlung und hier war auch der ursprüngliche Kern der Stadt. Eine weitere große Ansiedlung, bzw. eine kleine Stadt befand sich bei dem heutigen Košicer Tor zusammen mit einer rotundenartigen Kirche aus dem 11. Jahrhundert. Den Archäologen gelang es, Beweise darüber zu finden, daß ein Teil der Stadtmauer schon am Ende des 13. Jahrhunderts erbaut wurde und daß die Besiedlung dieser Lage eine ausschlaggebende Bedeutung bei der Errichtung der mittelalterlichen Stadt hatte.

Als im 12. Jahrhundert und auch nach den verheerenden Einfällen der Tataren im Jahre 1241 die deutschen Neusiedler nach Levoča kamen, fanden sie hier die ursprünglichen Siedlungen - kleinen Städte, die zusammen mit ihren neuen Siedlungen zur Grundlage der heutigen Stadt wurden.

Taufstein aus Bronze aus dem 14. Jahrhundert

Neues mittelalterliches Levoča

Es gibt Schätze, die man nicht mit Gold aufwiegen, nicht mit Geld bezahlen kann. Solche Schätze sind in Besitz von Privatpersonen, aber auch von Städten. Sie sind für sie so wertvoll, daß man sie in geheimen Verstecken aufbewahrt. Für die Städte in vergangenen Zeiten stellten Schriftstücke, mit denen die regierenden Herrscher ihnen Privilegien erteilten solche Schätze dar. An Orten, wo „die Lebenden schweigen und die Toten erzählen" - in Archiven, blieben viele Privilegien und weitere Schriftstücke erhalten, in denen sich wichtige Meilensteine im Leben der Stadt wiederspiegeln. Vergangene Siege, Erfolg, Ruhm, aber auch Verluste verbergen die kostbaren Pergamente. Schauen wir in sie hinein und lassen wir sie reden!

Das älteste Schriftstück, in dem wir Levoča begegnen, erließ der ungarische König Béla der IV. im Jahre 1249 und man legte in ihm den juristischen Akt des Schenkens von Grundstücken dem Zipser Propst nieder. Wir lesen hier, daß „die Grenze des Landes genannt Jablonov zur Straße hinunter verläuft, die nach Levoča führt." Die Geschichte schreitet aber mit Meilenschritten voran. Finden wir 8 Jahre nach dem Tatareneinfall nur die erste schriftliche

Wandgemälde im Presbyterium des Doms des hl. Jakob

Blick auf die Rippendecke der Gymnasiums-Kirche

Erwähnung, so erscheint 22 Jahre später im großen Privileg König Stefans des V. aus dem Jahre 1271 Levoča schon als Zentrum der Provinz der Zipser Sachsen und zusammen mit anderen Zipser Städten nutzen sie die Rechte der späteren freien königlichen Städte: sie haben eine eigene Selbstverwaltung, Gerichtsbarkeit, persönliche Freiheit, das Recht zur Erzförderung, das Recht zur Nutzung der Wälder, zur Handwerksausübung und zum Handeln. Diese umfangreichen und bedeutenden Rechte waren nur Bestätigung und Erweiterung der Privilegien, wie der König selbst in dem Schriftstück schreibt, die man in der Zips schon zu Zeiten seines Vaters - Béla des IV. nutzte. Als der Graf der Zipser Sachsen im Jahre 1317 Karl Robert um eine neue Bestätigung dieser Privilegien bat, bezeichnete dieser König Levoča als seine königliche Stadt, weil ihm ihre Entwicklung wichtig war.

Bereits im Jahre 1321 erteilte er Levoča das bedeutende Lagerrecht, das jeden Händler, der durch die Stadt zog, zwang, seine Ware hier zu entladen und während 15 Tagen vorzugsweise an die Kaufleute von Levoča zu verkaufen. Darüber, wie wichtig dieses Privileg war, zeugt auch die Tatsache, daß Levoča um das Lagerrecht einen lange andauernden Streit mit der Stadt Kežmarok führte, welcher es gelang, dieses Recht nur mit Hilfe einer List zu bekommen. Der Streit ging in die Geschichte als „hundertjähriger Krieg" ein und Levoča ging als Sieger hervor. Das Glück stand seinen Einwohnern auch weiterhin zur Seite. Nicht nur Karl Robert von Anjou, sondern auch weitere Herrscher schenkten ihnen ihre Gunst. Im Jahre 1402 befreite man sie vom Lagerrecht anderer Städte, 1411 erweiterte man dieses Recht und im Jahre 1419 befreite man die Kaufleute von Levoča vom Zahlen des Dreißigstelzolls in ganz Ungarn. Obgleich, die launenhafte Glücksgöttin den Einwohnern von

Levoča ihre abgekehrte Seite in Gestalt eines Brandes, den die Hussitenheere im Jahre 1431 verursachten, zeigte, das weitere vielversprechende Wachstum der Stadt wurde nicht unterbrochen. Dank der günstigen Lage an der Kreuzung von Handelswegen und mit der umfangreichen Hilfe von politischen und wirtschaftlichen Privilegien, die ihr die Herrscher erteilten, begannen Finanzen in die städtische Kasse und in die Geldbeutel der Kaufleute und anderer Bürger zu fließen, die eine allgemeine Entwicklung ermöglichten. Es begann eine Blütezeit der Architektur, der Bildung, der Kultur, der Kunst und des Handwerks. Nun, verbargen die alten Pergamente nicht doch einen Reichtum?

Auf dem Höhepunkt seines Ruhms

Anfangs des 16. Jahrhunderts, zu der Zeit, als ein hervorragender Schnitzer, den man Meister Paul von Levoča nannte auf die Bühne der Geschichte tritt, war Levoča eine blühende Stadt. Es ist bekannt, daß während des 15. und 16. Jahrhunderts die Entwicklung von Levoča ihr Höchstmaß erreichte.

Auch wenn Levoča eine günstige Lage hatte und wichtige Privilegien besaß, mußte die Stadt vielmals erbittert kämpfen, um die Stellung des bedeutendsten Zentrums des internationalen Handels in der Zips zu halten. Auch in Pentapolitan, dem Verein von fünf ostslowakischen Städten, der sich schon im 14. Jahrhundert formierte, hielt sie der Konkurrenz der anderen Städte, vor allem Košice oft Stand. Die Entwicklung von Levoča wurde durch die Katastrophe von Mohács im Jahr 1526 und die Kämpfe um den ungarischen Thron zwischen Ján Zápoľský und Ferdinand von Habsburg gebremst, jedoch nicht unterbrochen. Levoča mußte mit großen Schäden, die Brände in den Jahren 1550 und 1599 verursachten, fertig werden. Der starken und reichen

Gemälde im Rathaus - Sitzung des Stadtrates von Levoča

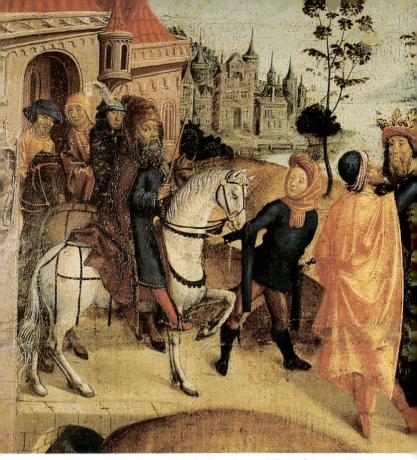

Detail aus der Weihnachtspredella auf dem seitlichen Altar

Stadt gelang es aber auch diese Katastrophen zu überwinden und sie bewahrte ihre bedeutende Stellung bis zum Ende des 16. Jahrhunderts.

Die Quelle des Reichtums der Kaufleute war der Handel mit verschiedenen Waren, aber vordergründig mit Kupfer. Auf diesem Gebiet wurde die Familie Thurza berühmt, deren Mitglieder nach und nach Adelsbesitze und Titel erwarben - dies bezeugen auch die Epitaphe in der Kirche des heiligen Jakob. Zur Erhöhung der Bedeutung von Levoča trug auch der größte Teil seiner Einwohner - die Handwerker, in mehr als 40 Zünften vereint, bei. Ihr Niveau war so hoch, daß wir hier außer den üblichen Handwerken, die es auch in anderen Städten gab, auch anspruchsvollere Handwerke finden, zum Beispiel Gärber, Kürschner, Sattler, Schlosser, Messerschmiede, Zinngießer. In der Stadt arbeiteten und schufen ihre Werke auch Meister von verschiedenen Kunsthandwerken - Goldschmiede, Schnitzer, Steinmetzer, Maler, Vergolder, Kupferstecher. Der Bürgermeister von Levoča Konrád Spervogel schilderte treffend das Leben in den Zünften und überlieferte die damalige Atmosphäre mit den Augen eines Zeitgenossen. Die städtische Bevölkerung, aber auch die reichen Händler und Handwerker hatten auch landwirtschaftlichen Boden in

im Dom des hl. Jakob

ihrem Besitz. Außer Grundstücken im Kataster von Levoča gehörten der Stadt auch die Untertanendörfer in der Umgebung, so daß Levoča als feudale Herrschaft auftrat und die Einkommen aus diesen Dörfern in die städtische Kasse zugunsten der ganzen Stadtgemeinschaft gelangten.

Levoča wurde mit einer Stadtbefestigung umgeben, die bis heute erhalten blieb und die man mehrmals umbaute. Die Architektur der Bürgerhäuser auf dem Platz wandelte langsam ihre gotische Gestalt in eine Renaissanceform, wie wir sie auch in der Gegenwart kennen. Die Brände verursachten, daß von den gotischen Häusern nur Reste erhalten blieben, die man bei Rekonstruktionsarbeiten entdeckte. In dem Renaissancestil wurde hier auch das Rathaus gebaut. Zentren der geistigen Kultur waren die religiösen Brüderschaften und vor allem die Kirchen. Im Laufe von Jahrhunderten waren dies nach und nach die Kirche des hl. Nikolaus, des Hl. Geistes, die Kirche der hl. Elisabeth. Die größte Bedeutung im europäischen Ausmaß hat jedoch der Dom des heiligen Jakob. Es gereichte der Stadt zur Ehre, daß sie schon seit dem 15. Jahrhundert die Bildung unterstützte und mit einem Teil der Finanzen die Schule finanzierte. Als Rektor wirkte hier im 16. Jahrhundert auch der englische Poet Leonard Coxe. Es gab hier auch eine Bibliothek, Apotheke, Bäder und es wirkten auch Ärzte hier.

Das Niveau und das Ansehen der freien königlichen Stadt Levoča im damaligen Ungarn beweißt auch die Tatsache, daß die Könige die Stadt zum Ort ihrer Treffen auserwählten: es ging um den Besuch von Matej Korvín im Jahre 1474 und das Treffen von vier Brüdern der Familie Jageloner 20 Jahre später, unter ihnen ein polnischer und ein ungarischer Monarch. Es scheint, daß das 15. und 16. Jahrhundert auch deshalb den Höhepunkt in der Entwicklung von Levoča darstellt, weil sich hier eine günstige Kombination von Händlern, Handwerkern, Künstlern, Gebildeten und anderen Bürgern zusammentraf. Ihr lebenslanges Bemühen spiegelte sich positiv auch im Wachstum der Stadt wieder. Die Ergebnisse überdauerten Jahrhunderte und sind bis heute sichtbar.

Innenraum des Sitzungssaals im Rathaus

In der Periode der Standesaufstände

Wie die Nacht den Tag ablöst, so kommen nach erfolgreichen Zeiten Perioden, die weniger erfolgreich sind. Tempora mutantur ... Und tatsächlich, die schwer erkämpfte Stellung der Stadt Levoča auf der Sonnenseite der Geschichte begannen Wolken, die über das ganze Land in Gestalt von nachfolgenden bewegten Ereignissen zogen, zu bedecken.

Seit der Zeit der Kriege mit den Türken am Ende des 16. Jahrhunderts komplizierte sich die Situation in Ungarn und mündete in Standesaufstände.

Weiße Dame von Levoča - Malerei an der Tür im Rathaus

Der aus seinen Positionen verdrängte ungarische Adelstand fand einen Ausweg im Widerstand gegen die Habsburger. Das gesamte 17. Jahrhundert und auch der Anfang des 18. Jahrhunderts ist von Adelsaufständen unter der Führung von Bocskai, Betlen, Rákóczi dem I. und II. und anderen gekennzeichnet. Aus der Zeit der Kuruzenkriege wurde auch die literarisch verfaßte Legende über die weiße Dame von Levoča überliefert.

    Auch religiöse Streitigkeiten, die die Reformationsbewegung und die darauffolgende Rekatholisierung mit sich brachte, trugen nicht zur Ruhe bei. Die Menschen litten unter Kriegen und es war kein Wunder, daß sich Pestepidemien verbreiteten. Kriege für die gesellschaftliche und soziale Gerechtigkeit, zu denen auch der Kampf für die nationale Freiheit hinzukam, wechselten mit ruhigen Zeitabschnitten. Dementsprechend erlebten Handel und Handwerk in Levoča Etappen von Entwicklung und Stagnation. Man findet aber auch Menschen, die auch in Zeiten, in denen die Bedingungen nicht optimal sind, neue Werte schaffen und die Entwicklung voran treiben. Zu ihnen gehörten die Brüder Brewer. Aus ihrer Druckerei kam außer anderen wertvollen Drucken auch der mit Holzschnitten verzierte Orbis pictus in vier Sprachen von Ján Ámos Komenský. Die neuen Gebildeten wurden am katholischen Gymnasium und am evangelischen Lyzeum geboren.

Kelch aus der Werkstatt von Ján Szilassy (18. Jhd.)

So wie einerseits die Folgen der Standesaufstände in Form von Verlusten an Menschenleben und Schäden an Gebäuden für die Stadt katastrophal waren, bildeten sich anderseits in Levoča, dem Sitz des Zipser Stuhls gerade in diesem Zeitraum Bedingungen für die Entwicklung des nationalen und kulturellen Lebens heraus.

Levoča am Anfang einer neuen Epoche

Wer bist du und wer bin ich? Wo komme ich her, wo bin ich und wohin gehe ich?.. Und es kam der Tag, an dem sich das slowakische Volk, im Vielvölkerstaat Jahrhunderte unterdrückt, begann sich seiner Identität bewußt zu werden, sowie seines Rechts auf Selbstbestimmung, seiner Rechte auf freie nationale und kulturelle Entfaltung. Auch die wunderschöne Zipser Stadt Levoča spielte bei diesem Auftritt ihre Rolle, und keine geringe. Auch wenn Levoča im Bewußtsein als deutsch galt, begann die Anzahl der slowakischen Bürger zu wachsen, bis Levoča in den 40 - ger Jahren des 19. Jahrhunderts ins Zentrum der slowakischen nationalen Bewegung geriet. Schon im Jahre 1832 gründete Professor Michal Hlaváček am evangelischen Lyzeum das Institut der tschechisch - slowakischen Sprache und Literatur. Literarisch begabte Mitglieder des Instituts publizierten ihre Arbeiten im Almanach Jitřenka. Als man am Lyzeum in Bratislava Ľudovít Štúr von seiner Professur absetzte, verließen seine Schüler aus Protest dagegen die Schule und als Ort ihres weiteren Studiums wählten sie sich das bildschöne Levoča aus. Das Leben in der Stadt nahm eine neue Wende an. Ján Francisci gründet die Einheit der slowakischen Jugend, die zum Koordinator aller Štúr - Literaturgesellschaften wurde. In der slowakischen nationalen Wiedergeburt nahm auch die Bibliothek dieses Studentenvereines und des evangelischen Lyzeums eine wichtige Rolle ein. Man spielte slowakisches Laientheater und im Jahre 1853 wurde das Gebäude des Stadttheaters gebaut. Schon traditionel druckte man hier in der

Detail einer Monstranz (brennendes Levoča) - Ján Szilassy

Druckerei von Ján Werthmüller Bücher und auch Štur - Zeitschriften. Auch Slowakisch kommt als Unterrichtssprache ans Gymnasium. In der 2. Hälfte des 19. Jahrhunderts entstand auch der Zipser Verein für Geschichte und das Museum. Auch wenn die dynamische Entwicklung der Industrie, charakteristisch für diesen Zeitraum in anderen Landesteilen, in Levoča keine größeren Ausmaße annahm, der Ruhm auf nationalem Gebiet glich dies der Stadt aus. Gerade aus dem Kulturmillieu von Levoča kamen Persönlichkeiten, deren Namen mit goldenen Buchstaben im Fond der slowakischen Literatur geschrieben sind: Ján Francisci, Ján Botto, Paul Dobšinský, Jan Čajak und viele andere.

Levoča im XX. Jahrhundert

Hier endet unser Spaziergang durch die Jahrhunderte allmählich. Wir deckten die Geschichte der Stadt auf, indem wir archeologische Ausgrabungen, mittelalterliche Pergamente und neuzeitige Dokumente und die Architektur sprechen ließen.

In dem letzten Jahrhundert dieses Jahrtausends finden wir Levoča als administratives Zentrum des Gaus, später als Bezirkszentrum. Levoča ist auch eine Stadt vieler Schulen.

Levočas größter Reichtum ist das Erbe der Vorfahren - künstlerische und architektonische Schätze, wegen derer die Stadt schon im Jahre 1950 von den staatlichen Organen zum städtischen Denkmalschutzgebiet erklärt wurde. In die erneuerten historischen Gebäude kehrt dank der Kunstrestauratoren und geschickten Kunsthandwerker das Leben zurück. In Stilräumen finden wir Zentren des gesellschaftlichen, kulturellen und wirtschaftlichen Lebens der Stadt vor. Aber genug der Worte! Schauen wir auf und halten den Atem an. Die unsterblichen Werke der Vorfahren darf man nicht unbewundert lassen.

Das Gebäude der ehemaligen Sedria aus der Jahrhundertwende vom 19. zum 20. Jhdt.

FÜHRER DURCH DIE STADT UND UMGEBUNG

DENKMÄLER IM ZENTRUM DER STADT

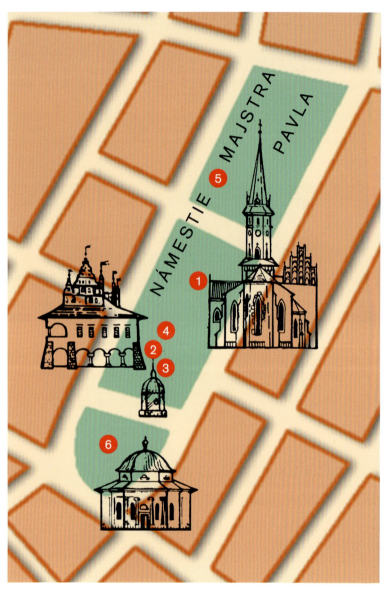

Der Platz des Meisters Paul

1 Dom des hl. Jakob
2 Rathaus
3 Käfig der Schande
4 Renaissance Glockenturm
5 Warenhaus
6 Evangelische Kirche

Der Platz des Meisters Paul

Zu den Stadtmauern gehört auch das Košicer Tor, durch das wir in die Stadt kommen. Hier war in alten Zeiten eine der ursprünglichen Ansiedlungen mit einer Kirche in Form einer Rotunde. Die Košicer Straße führt uns auf den Platz, der seine mittelalterliche Rechteckform mit einem Seitenverhältnis von 3:1 bewahrt hat. Der Platz wird von über 60 Bürgerhäusern, vorwiegend aus dem 14. - 15. Jahrhundert gebildet. Der Platz ist mit einem regelmäßigen Straßennetz verbunden, das mit Toren und Türmen der Stadtmauer endet. Hier, auf dem Marktplatz konzentrierte sich das Geschäftsleben von keinesfalls geringen Ausmaßen - deshalb diese Fläche, die ihn unter die größten Plätze unseres Landes reiht. In der Mitte des Platzes finden wir Gebäude, die für eine mittelalterliche Stadt die größte Bedeutung hatten: das Rathaus, der Dom des hl. Jakob, das Handelshaus und die Schule mit dem Zeughaus. Hier befindet sich auch die evangelische Kirche und der mittelalterliche Pranger - der Käfig der Schande. Auf dem Platz befindet sich auch ein Park, der im Jahre 1835 angelegt wurde. Hier fand eine Statue Ľudovít Štúrs ihren Platz, die der Bildhauer Fraňo Gibala in Zipser Travertin meißelte.

Der Dom des heiligen Jakob

Der Ruf dieses Kulturdenkmals lockt jährlich Scharen von Touristen nach Levoča. Kein Wunder, allein die knappe Beschreibung seiner Denkmäler verblüfft die Menschen wortwörtlich, ganz zu Schweigen von ihren hohen künstlerischen Qualitäten. Diese städtische Pfarrkirche verbirgt elf Altäre hiesigen Ursprungs aus der Zeit der Gotik und der Renaissance, die meistens an ihren ursprünglichen Stellen erhalten blieben. Etwas ähnliches kann man in Europa außer in Levoča nur noch in Bardejov sehen.

Der Dom des heiligen Jakob ist eine dreischiffige Kirche mit gewaltigem Presbyterium und mit gotischen Kreuzgewölben, die auf der nördlichen Seite der Stadt gebaut wurde. An ihrer Westseite hat sie einen Turm zwischen zwei Kapellen. Der ursprüngliche Turm wurde von Bränden so stark beschädigt, daß man einen neuen bauen mußte, dessen Aufbau im Jahre 1858 beendet wurde. An der nördlichen Seite befindet sich die Sakristei, an die an der westlichen Seite die Kapelle des heiligen Georg und der nördliche Vorraum angebaut wurde, über denen sich im Geschoß die Bibliothek - einer der ersten Renaissancebauten in Levoča befindet. Den Eingang in das nördliche Seitenschiff schmückt ein gotisches Portal. Der südliche Eingang ist ebenfalls reich geschmückt.

Forschungen beweisen, daß die heutige Sakristei auf einem Mauerwerk aus der Mitte des 13. Jahrhunderts steht. Irgendwann um 1270 wurde sie umgebaut. Es ist möglich, daß in dieser Zeit die Sakristei ein Teil der selbständigen ursprünglichen Kirche war. Erhaltene Wandgemälde halfen den Zeitraum der Entstehung des heutigen Doms festzustellen und ihn in den Zeitraum der Jahre 1330-1350 bis 1370 zu legen. Die Kirche stand in der Gestalt, die wir heute kennen schon im letzten Drittel des 14. Jahrhunderts. In späteren Zeiten wurden nur einige ihrer Teile angebaut, wie zum Beispiel die Bibliothek im Jahre 1519 und die Emporen.

Grundriß des Doms des hl. Jakob   *Der Hauptaltar*

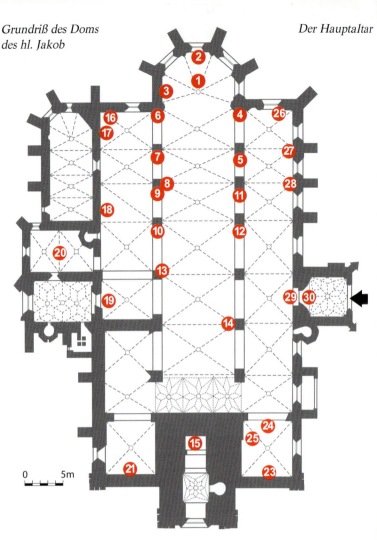

1. Der Hauptaltar des hl. Jakob
2. Wandgemälde hinter dem Altar
3. Pastoforium
4. Der Altar des Johannes
5. Der Altar der hl. Anna
6. Der Altar des hl. Petrus und Paulus
7. Der Altar des hl. Nikolaus
8. Das Kreuz (die älteste Plastik der Kirche)
9. Der Altar der 14 Gehilfen
10. Der Altar des guten Hirten
11. Der Altar der hl. Katherine
12. Der Altar des hl. Michael
13. Zwei Bänke mit Intarsien
14. Die Kanzel
15. Die Orgel
16. Der Altar der Schneejungfrau Maria
17. Wandgemälde " die 7 Taten der Barmherzigkeit und die 7 Totsünden"
18. Wandgemälde "Legende über die hl. Dorothea"
19. Wandgemälde (weltliche Motive)
20. Sterngewölbe
21. Der Barockaltar der Geburt
22. Gotisches Stallum - Sitzbank
23. Der neugotische Altar der Elisabeth von Thüringen
24. Der Taufstein
25. Die Epitaphe der Familie Thurza
26. Der Altar des Matthias Corvinus
27. Der Altarschrank
28. Der Altar der Weinachtspredella
29. Die Kreuzigungsgruppe
30. Südlicher Vorraum mit dem Gemälde "Das letzte Gericht"

Man nimmt an, daß aus Anlaß des Besuches des Königs Matthias Corvinus im Jahre 1474 der südliche Vorraum und darüber die Kapelle gebaut wurde, die als Corvinisches Oratorium bekannt ist. Ungefähr in diesem Zeitraum enstand auch der nördliche Vorraum und die westliche Orgelempore. Aus der Zeit des Besuches der Brüder Jagielon im Jahre 1494 stammt der Altar der Schneejungfrau Maria und die Bank, die im hinteren Teil des Mittelschiffes plaziert ist.

Um die Entwicklung der Kirche war ein gebildeter Pfarrer der Humanist Ján Henckel bemüht. Die bedeutendsten Werke im Dom entstanden im ersten Drittel des 16. Jahrhunderts und ihr Autor ist Meister Paul von Levoča. Aus seiner Werkstatt stammen auch weitere Schnitzarbeiten in der Umgebung. Der einmalige Altar des Meisters Paul im Dom des hl. Jakob mußte mehrere Brände überstehen, die ihn zum Glück verschont haben. Die Einrichtung der Kirche wurde auch von der Reformation, die seit dem Jahre 1544 in der Stadt herrschte, nicht angerührt. Im Jahre 1622 kam die Orgelempore hinter dem nördlichen   Eingang und die reich geschmückte Orgel hinzu. Die Orgelemporen sind durch den sogenannten Schusterchor miteinander verbunden.

Nach 1674, in der Zeit der Rekatholisierung, gehörte die Kirche den Katholiken, es gab aber auch einen Zeitraum, in dem sie unter Katholiken und Evangeliken geteilt war. Infolgedessen beseitigte man einige ursprüngliche Altäre und andere Einrichtung. Später fügte man neue Altäre und Bänke hinzu.

Einen unberechenbaren Wert hat das Interieur der Kirche: gotische Altäre, von denen der Hauptaltar von Meister Paul am wertvollsten ist und den wir im folgenden Kapitel näher beschreiben werden, Renaissance - und Barockaltäre, Skulpturen, Kunstschmiedearbeiten, hölzerne Senatorenbänke, ein bronzerer Taufstein aus dem Jahre 1400, Kelche, Monstranzen, gotische Wandegemälde, Epitaphe des Adels und der Bürger. Detailliert beschreibt die Fachliteratur die Denkmäler des Doms, darum widmen wir uns nur einigen.

Die Renaissancealtäre des Johannes aus dem Jahre 1520, der hl. Anna aus den Jahren vor 1516 und des hl. Nikolaus, dessen Hauptfigur aber schon aus dem 14. Jahrhundert stammt, entstanden in der Werkstatt des Meisters Paul. Älter ist der Altar des hl. Petrus und Paulus, etwa aus dem Jahre 1500. Auch die Reiterstatue des hl. Georg im Dom ist ein Werk des Meisters Paul von Levoča. Die älteste Plastik in der Kirche, ein Kreuz aus der ersten Hälfte des 14. Jahrhunderts steht neben dem Altar des hl. Nikolaus. Auf der Predella des Altars der hl. Katharina ist ein Tafelgemälde, das zu unseren ältesten gehört.

Der barocke Altar der Geburt aus dem Jahre 1752 befindet sich im hinteren Teil des nördlichen Schiffes und ist interessant durch eine Gruppe von gotischen Statuen. Die Madonna, der hl. Joseph, die zwei Hirten und drei Engel sind das Werk vom Meister Paul und waren wahrscheinlich nicht für den Altar bestimmt. Ihre künstlerische Gestaltung reiht sie unter die wertvollsten im Dom ein. Besonders die Madonna, die an die Madonna von Vít Stwosz vom Krakauer Altar erinnert, hat einen hohen künstlerischen Wert. In diesem Teil finden wir auch eine kostbare gotische Bank (Stallum) aus dem Jahre 1494.

Im südlichen Schiff des Domes befindet sich auch der bekannte Corvinische Altar Vir dolorum etwa aus dem Jahre 1480, den König Matthias Corvinus bauen ließ. In seine Predella ist das Wappen des Königs und das Wappen seiner

zweiten Ehefrau Beatrice von Neapel geschnitzt. Die Statuen auf dem Altar der Maria, die zum Grab gehen, schuf wahrscheinlich ein Geselle aus der Werkstatt vom Meister Paul. Der Altar der Weinachtspredella hat ein wertvolles Tafelgemälde aus dem Anfang des 16. Jahrhunderts, das von der Schule der Donau beeinflußt wurde.

Mit dem Zeitraum der Entstehung der Kirche sind die Wandgemälde an der nördlichen Wand verbunden. Sie stammen von einem unbekannten Autor und zeigen die sieben Taten der Barmherzigkeit. Unter ihnen sind die sieben Totsünden und daneben befindet sich die Legende von der hl. Dorothea, etwa aus dem Jahre 1400. Im Dom befinden sich aber auch andere Wandgemälde.

Zu den wertvollsten Denkmälern gehört die Orgel, die die größte in ganz Ungarn war. Die Orgel wurde von Hans Hummel und Andrej Hertel aus Krakau zusammen mit dem dänischen Holzschnitzer Hans Schmidt gebaut. Die Meisterschaft der Kunsthandwerke am Ende des 14. Jahrhunderts stellt auch die geschmiedete Tür zur Kapelle des hl. Georg dar. Sehr wertvoll sind auch die Kelche, Monstranzen und andere Gegenstände, die in der Goldschmiedewerkstatt von Ján Szilassy hergestellt wurden.

Wir haben nur einige von vielen einmaligen Denkmälern verschiedener Kunstarten von hohem Wert aus der Zeit der Gotik und der Renaissance erwähnt. Sie sind im Dom des hl. Jakob als das künstlerische Erbe unserer Vorfahren an die zukünftigen Generationen verborgen.

Nördlicher Vorraum des Doms

Werk des Meisters Paul - der Hirte aus dem Altar der Geburt

Das letzte Abendmahl

Das Werk des Meisters Paul von Levoča

Der talentierte Holzschnitzer bekam vom Schicksal eine ungewöhnliche Gabe - künstlerisches Gefühl und die Geschicklichkeit der Hände. Indem wir den Genius bewundern, wollen wir den Menschen kennenlernen. Der größte Teil seines Lebens ist jedoch unter dem Gewand von Geheimnissen verborgen geblieben. Es ist nicht bekannt, woher und wann er kam, auch nicht wie er wegging. Vielleicht führte ihn die unruhige Seele eines Künstlers nach Levoča, wo ihm vorherbestimmt war, ein Werk von unsterblichem Wert zu schaffen, das für ewig mit seinem Namen verbunden bleibt - Meister Paul von Levoča.

Schon im Jahre 1506 finden wir ihn unter den Bewohnern der Stadt, die sich gerade dynamisch entwickelte und in der die Bedingungen für Handel, Handwerk und Kunst günstig waren. Er gründet seine Schnitzwerkstatt, in der er in den Jahren 1508-1517 sein Meisterwerk - den Hauptaltar der dem hl. Jakob geweihten Kirche schuf. In Levoča war Meister Paul ein angesehener Bürger, Mitglied des Rates der Stadt und Funktionär einer wichtigen Gemeinschaft - der Brüderschaft des Leibes des Herrn. Er lebte hier mit seiner Familie, Ehefrau, drei Töchtern und einem Sohn. Seine Spuren verlieren sich, nach 1537 gibt es keine Informationen mehr von ihm, nur seine Witwe wird nochmals im Jahre 1542 erwähnt.

Der Altar des hl. Jakob vom Meister Paul von Levoča ist die Dominante des Dominterieurs, dem die Besucher ihre Bewunderung in allen Sprachen der Welt zum Ausdruck bringen. Der Altar ist ein nationales Kulturdenkmal und der Professor des Gymnasiums von Levoča Václav Merklas machte zum ersten

Mal in der Mitte des vergangenen Jahrhunderts auf seinen Wert aufmerksam. In den 50-ger Jahren wurde er von den Brüdern Kotrba restauriert. Der Altar ist zwanglos in die Architektur der Kirche komponiert und füllt den Raum des Sanktuariums aus. Selbst seine Höhe von 18 m und 62 cm, mit der er die erste Stelle unter den gotischen Altären auf der Welt einnimmt, wirkt nicht störend. Zu den Meisterwerken der europäischen Kunst gehört er dank der künstlerischen Gesamtgestaltung, der vollkommenen Komposition und der meisterhafter Bearbeitung. An den Arbeiten beteiligten sich wahrscheinlich auch weitere Gesellen aus der Werkstatt des Meisters Paul von Levoča. Zu den Bestandteilen des Altars gehören der Tisch - die Mensa, die Predella, der Altarschrank und der Fialenüberbau. In dem Altarschrank lenken drei Statuen in Überlebensgröße - der heiliger Jakob, Johannes der Apostel und die wunderschöne Madonna Aufmerksamkeit auf sich, wobei sich der Patron der Kirche, der heilige Jakob durch seine realistische Auffassung von den übrigen Figuren abhebt. Auch das hinreißende letzte Abendmahl in der Predella ist realistisch dargestellt. Alle Apostel wiederholen sich noch einmal im Fialengiebel. Die Plastiken in den letzten Fialen sind aber älter, sie stammen etwa aus dem Jahre 1370. Der Altar hat zwei Flügel, die man schließen kann. An ihrer Vorderseite sind Reliefs, die Szenen aus dem Leben der Heiligen darstellen. Rechts ist der heilige Johannes auf der Insel Patmos und seine Marter abgebildet, links wiederum das Auseinandergehen der Apostel und die Köpfung des heiligen Jakob. Hier kommt ebenfalls das realistische Empfindungsvermögen des Künstlers zum Ausdruck.

Die hinteren Seiten der Flügel sind mit Passionsszenen bemalt, die nach Kupferstichen von Lucas Cranach und Schäufelein geschaffen wurden, die auch einen hohen künstlerischen Wert haben. Der Altar endet mit einem gewaltigen Fialengiebel. Der ganze Altar wurde aus Lindenholz geschnitzt, wobei einige Statuengruppen von zwei oder drei Gestalten aus einem Holzstück geschnitzt sind. Auch die farbliche Abstimmung ist vollendet, eine Kombination von Rot, Grün und Gold. Nur der Fialengiebel ist versilbert. In der Werkstatt des Meisters Paul entstanden auch Statuen vom Renaissance-Altar des Johannes und der heiligen Anna. Es ist interessant, daß sich auf dem ersten vier heilige Johannes befinden - der Evangelist, der Täufer, der Goldmündige und der Almosenier, jedoch hinter ihnen eine weltliche Gestalt, der fünfte Johannes - der Kanzler von Sorbona Johannes Gerson, gemalt wurde. Die ältesten Werke des Meisters Paul sind aber auf dem Altar des heiligen Nikolaus - die seitlichen Statuen des heiligen Johannes des Almoseniers und des heiligen Leonards aus dem Jahre 1507. Die Statuengruppe vom Barockaltar der Geburt, die ursprünglich nicht hierher gehörte, - die Madonna, der hl. Joseph, zwei Hirten und drei Engel sind höchstwahrscheinlich eigenhändige Arbeiten des Meisters. Man fand sie eingemauert im Rathaus. Vom Meister Paul stammt auch das Kreuz in dem Corvinischen Oratorium und die Statue des hl. Georg. In der Werkstatt dieses mittelalterlichen Schnitzers von Weltniveau entstanden in kurzem Zeitraum auch viele Kunstwerke, die heute in der ganzen Ost- und Mittel-slowakei verstreut sind.

„Erde bist du, zur Erde wirst du". Aber Dein Werk bleibt.

Das Rathaus

Sein Ursprung reicht in das 15. Jahrhundert. Das Rathausgebäude wurde im Jahre 1550 von einem Brand vernichtet, ein weiterer Brand suchte das Gebäude im Jahre 1599 heim. Im Jahre 1615 wurde das Rathaus erweitert und der südliche Teil und die Arkaden mit den Laubengängen sowohl im Erdgeschoß, als auch im Obergeschoß angebaut. An der südlichen Fassade blieb in der oberen rechten Ecke ein Rest des ursprünglichen Gemäldes erhalten. Später wurden an der Fassade zwischen den Fenstern im Obergeschoß weitere Gemälde platziert. Sie stellen Symbole der bürgerlichen Tugenden dar: Enthaltsamkeit, Umsicht, Tapferkeit, Geduld und Gerechtigkeit.

Das Gebäude des Rathauses ist heute mit dem Renaissanceturm verbunden, der in den Jahren 1656-1661 gebaut wurde und als Glockenturm diente. Der Glockenturm wurde später nochmals umgebaut.

Am Ende des 19. Jahrhunderts fertigten die Architekten F. Schulek und B. Jaumann Pläne für einen Umbau des Rathauses im Stil der Neurenaissance an. Die Rekonstruktion wurde in den Jahren 1893 - 1895 durchgeführt. In ihrem Rahmen wurde auch der Eingang zum ersten Obergeschoss von der östlichen Seite aus gebaut, der auch heute hier existiert.

Im ersten Obergeschoß ist ein großer Vorraum, der mit Sternengewölben verziert ist. Hier befindet sich auch ein prachtvolles Portal mit dem Stadtwappen, durch das man in den großen Sitzungssaal eintritt. Hier traf der große Rat oder auch der Außenrat zusammen. Der Saal fesselt mit einer wunderschönen Renaissancedecke. Früher konnte man von hier aus über eine Wendeltreppe direkt in den Keller herunter gelangen, zu den Fässern, die mit Tokaier aus den Weinbergen, die die Stadt in diesem fruchtbaren Gebiet besaß, vollgefüllt waren. Bis zum Jahre 1955 befand sich die Stadtverwaltung im Rathaus. Im Erdgeschoß befand sich eine Apotheke und in den Kellerräumen ein Weinrestaurant. Heute befinden sich im Obergeschoß die Ausstellungsräume des Zipser Museums. Der Sitzungssaal dient der Stadt für repräsentative Zwecke. Im Erdgeschoß befinden sich Geschäfte mit Souvenirs, Geschenken, ein Photoatelier mit Photogeschäft und andere Geschäfte.

Das Rathaus und der Dom des hl. Jakob

Der Käfig der Schande

Er stammt etwa aus dem 16. Jahrhundert und diente zur Bestrafung leichterer Delikte. Ursprünglich stand er an der Stelle der evangelischen Kirche. Später war er im Besitz der Familie Probstner und stand in ihrem Park, an der Stelle des heutigen Krankenhauses. Im Jahre 1933 schenkte die Familie den mittelalterlichen Pranger der Stadt, seitdem steht er vor dem Rathaus.

④ Der Glockenturm

Der Glockenturm mit der Renaissanceattika wurde in den Jahren 1656 - 1661 gebaut. Im Jahre 1768 wurde er barockisiert und wahrscheinlich seitdem ist er mit dem Rathaus verbunden. Er wurde nochmals umgebaut und seit 1824 hat er seine heutige Gestalt.

⑤ Das Handelshaus

Zusammen mit den Goldschmiedewerkstätten war es ein Bestandteil des Gebäudeensembles im Park. Ursprünglich war hier eine Schule, wovon das Wappen gegenüber der Kirche zeugt. Im Jahre 1588 baute man sie in eine Schule höheren Typs um. Hier befand sich auch das städtische Zeughaus. Die Gebäude wurden in den Jahren 1587-1588 zu einem Bau verbunden. Nach dem Umbau in den Jahren 1810 und 1858-1862 diente es als Realgymnasium, Casino, Konditorei, Restaurant und als Wohnhaus. Heute, wieder rekonstruiert, dient das Gebäude administrativen und kulturellen Zwecken.

Das ehemalige Handelshaus

⑥ Die evangelische Kirche

Im südlichen Teil des Platzes steht ein Gebäude in Form eines griechischen Kreuzes mit einer riesigen Kuppel. Die evangelische Kirche ist im klassizistischen Stil und nach Entwürfen von dem Architekten Anton Povolný in den Jahren 1825-1837 erbaut worden. Im Inneren befinden sich drei Emporen, auf denen sich die Orgel, das Archiv und eine reichhaltige und wertvolle Bibliothek befinden. In der Kirche blieben ein wertvolles barockes Holzkreuz und ein anderes geschmiedetes Kreuz erhalten. Der bekannte Maler von Levoča Jozef Czauczik malte ein großes Altargemälde, das den über das Meer gehenden Christus darstellt.

Die evangelische Kirche - Gesamtblick und Innenraum

BEDEUTENDE BÜRGERHÄUSER AUF DEM PLATZ DES MEISTERS PAUL

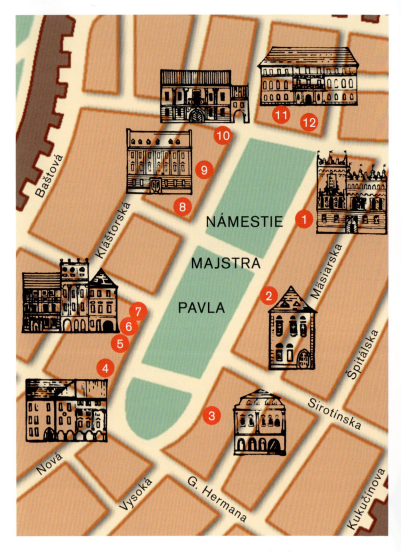

1 Das Thurza - Haus
2 Das Haus des Meisters Paul
3 Das Gebäude der ehemaligen Druckerei
4 Das Gebäude der bildenen Kunst in der Zips
5 Das Mariássy - Haus
6 Das Spillenberg - Haus
7 Das Krupek - Haus
8 Das Theatergebäude
9 Das Hotel Satel
10 Das Kinogebäude
11 Das große Gauhaus
12 Das kleine Gauhaus

Bürgerhaus

Rund um den Platz stehen über 60 Bürgerhäuser. Die meisten entstanden im 14. bis 15. Jahrhundert. Wenn wir sie mit Häusern in anderen mittelalterlichen Städten vergleichen, sehen wir, daß sie breiter sind, mit drei bis sieben Fenstern, die zum Platz hin orientiert sind. Die Häuser sind meistens zweigeschossig, mit Durchfahrt oder im Dielentyp. Sie erstrecken sich über das ganze Grundstück, vom Platz bis zur hinteren Straße. Ursprünglich waren es Ein- oder Zweiraumhäuser, die man später umbaute. Den freien Raum zwischen ihnen überbrückte man und er wurde zum Bestandteil des Hauses. In den Bürgerhäusern können wir auch heute noch viele gotische Elemente und Teile aus der Zeit der Renaissance sehen. Bei Forschungen und Rekonstruktionen werden ursprüngliche Portale, Wandgemälde, Balkendecken, verzierte Fassaden und andere Elemente aufgedeckt. In den Häusern sind meist drei Flügel. Der vordere Teil mit der Diele oder einem Durchgang im Erdgeschoß diente als die Wohnung für den Besitzer des Hauses.

Innenhof eines Bürgerhauses

Gewöhnlich befanden sich hier auch Herstellungs - und Handelsräume. Die Wohnungen im Obergeschoß vermietete man meistens. Über ihnen waren Getreideböden oder Lager, die man später zum zweiten Obergeschoß umbaute, welches man auch vermietete.

Die hinteren Flügel hatten wirtschaftlichen Charakter, hier befanden sich Wagenschuppen, Ställe, Scheunen. Die Obergeschosse darüber baute man nach und nach um, so entstanden weitere Wohnungen. In den Höfen dieser Häuser findet man Pawlatschen und oft auch Arkaden. Von den Pawlatschen aus sind meist die Eingänge in die Wohnungen angeordnet. Im Hof eines jeden Hauses gibt es einen tiefen Brunnen, da die Stadt auf einem Hügel liegt. Es ist bekannt, daß das Wasser in diesen Brunnen gut, lediglich jodarm ist. Das Erforschen der Bürgerhäuser in Levoča hat nicht nur für die Geschichte der Architektur in unserem Land, sondern auch in Europa große Bedeutung.

Detail an der Fassade des Thurza - Hauses

Das Thurza Haus

Unter den prachtvollen Häusern und Palästen ragt auf dem Platz des Meisters Paul Nr. 7 das Thurza - Haus hervor. Es ist das einzige Objekt, an dem die Attika aus der Zeit der Renaissance erhalten blieb. An der Fassade befindet sich eine Sgraffito - Verzierung, über dem Fenster des zweiten Obergeschosses ist das Wappen der Familie Thurza angeordnet, unter diesem Fenster ist das Wappen eines weiteren Besitzers, Hilar Csáky und seiner Frau, das Wappen des Zipser Gaus und letztendlich das Wappen der Stadt Levoča. Das Haus entstand durch das Zusammenfügen von zwei ursprünglichen Gebäuden im 15.

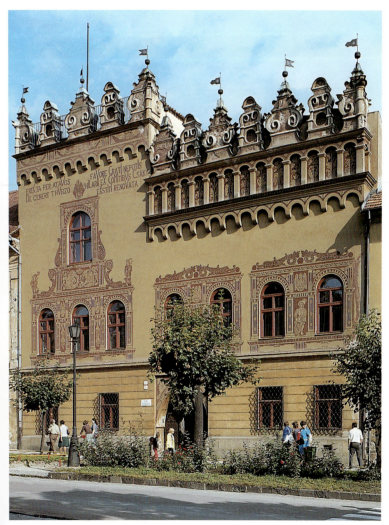

Das Thurza - Haus - Blick vom Platz

Jahrhundert. Bis zum Jahre 1532 gehörte es der bedeutenden Familie Thurza aus Levoča. Im Jahre 1824 fand ein Umbau statt. Das Sgraffito stammt aus den Jahren 1903 - 1904, aus der Zeit, als das Haus der Familie Czáky gehörte. In dem kuppelartigen Raum im zweiten Obergeschoß des Objektes wurde in den 70 - ger Jahren unseres Jahrhunderts das Wandgemälde mit allegorischem Motiv, das etwa aus dem Jahre 1824 von Jozef Czauczik stammt, rekonstruiert. Das Thurza - Haus ist heute Sitz des staatlichen Gebietsarchivs in Levoča.

Das Haus des Meisters Paul

Das Haus des Meisters Paul

Es befindet sich auf dem Platz des Meisters Paul Nr. 20. Seine Fassade, die 1981 restauriert wurde, fesselt durch das Motiv einer Muschel. Das Äußere des Hauses blieb vom 15. - 16. Jahrhundert bis zur heutigen Zeit erhalten. Es hat einen interessanten Hof mit einer Loggia. In dem vorderen Raum des Erdgeschosses blieb ein gotisches geknicktes Gewölbe erhalten, das nur selten in Wohnräumen der Bürgerhäuser vorkam. Im hinteren Raum, der dem Künstler als Werkstatt dienen konnte, ist eine Renaissancedecke und ein doppeltes Fenster mit Steinsäule in der Mitte. Im Gebäude befindet sich heute das Museum des Meisters Paul von Levoča, wo man Kopien und Photos seiner Werke, die sich außerhalb der Stadt befinden, besichtigen kann. Der Besucher hat hier auch die Möglichkeit, die anspruchsvolle Arbeit der Restauratoren näher kennenzulernen.

Die Ausstellung im Haus des Meisters Paul

③
Das Gebäude der ehemaligen Druckerei, Geschichte des Buchdrucks

Bevor wir ein weiteres Haus am Platz bewundern, halten wir bei der Geschichte des Buchdrucks in Levoča an. Seine Anfänge reichen in das Jahr 1614, als Jakub Klöss von Bardejov in der Stadt eine Buchdruckerei gründete. Sie arbeitete zwei Jahre. Im Jahre 1617 übernimmt für eine kürzere Zeit wiederum Daniel Schultz das Herausgeben von Büchern. Beide geben Bücher in Lateinisch, Deutsch und Ungarisch heraus. Zum Träger des Ruhms des Buchdrucks in Levoča wurde jedoch die Familie Brewer. Vavrinec Brewer gründet seine Druckerei im Jahre 1624 und er wirkt hier fast vierzig Jahre. Nach ihm hielten das hohe Niveau des Buchdrucks seine Söhne Samuel und Ján, später die Witwe von Samuel und sein jüngerer Sohn weiter aufrecht. Die Druckerei Brewer gab bis ins Jahr 1747 in Levoča Bücher heraus, bis sie nach einem Brand unterging. Sie war ein wichtiger Bestandteil des damaligen Kulturlebens. Man druckte hier fast tausend Bücher und andere Drucke, davon viele in slowakischer Sprache. Für die slowakische Kultur ist unter anderen die Herausgabe des slowakischen Kantionals von Juraj Tranovský - des Tranoscius im Jahre 1636 von Bedeutung. Auch der wunderschöne, mit Holzschnitten verzierte viersprachige Orbis Pictus von Ján Ámos Komenský und viele andere seiner Schriften wurden hier herausgegeben. Die Druckerei gab auch Lehrbücher, Kalender von Levoča und Fejérpataky sowie viele literarische Werke und anderes heraus. In den 40-ger Jahren des vergangenen Jahrhunderts, nach der Ankunft der Štúr - Anhänger in Levoča, knüpfte Ján Werthmüller an das Herausgeben von slowakischen Drucken an. Ein Denkmal, das an die berühmten Zeiten des Buchdruckes in Levoča erinnert, ist das

Innenraum der Druckerei aus dem Werk vom J. A. Komenský Orbis pictus

Gebäude Nummer 26, bekannt als der Sitz der Druckerei Brewer. Heute ist hier ein gemütliches und bequemes Hotel.

Vedute von Levoča

❹

Das Museum der bildenden Kunst in der Zips

Auf der anderen Seite des Platzes, wo die reichsten Patrizierfamilien von Levoča ihre Häuser besaßen, steht das Gebäude mit der Nummer 40. Es ist bekannt auch als das Hain - Haus und das Lyzeum von Levoča. Es stammt aus dem 14. Jahrhundert und seine gegenwärtige Gestalt entstand im Laufe des 16. Jahrhunderts. Aus ihm erbaute den prachtvollen Palast der Zipser Probst Ján Horvát, der im Jahre 1530 auch das Renaissancesteinportal anfertigen ließ. Wahrscheinlich wurde es in der Werkstatt des Meisters Paul von Levoča angefertigt. Einer der Räume im Erdgeschoß des Hauses ist mit allegorischen Wandgemälden aus dem Jahre 1542 und 1543 nach einer Vorlage von A. Dürer verziert. In der zweiten Hälfte des 16. Jahrhunderts wurde hier eine Renaissancebalkendecke angebracht. Wandgemälde mit Motiven aus dem Reich der Tiere und Pflanzen kann man im Obergeschoß finden. Das Gebäude hat einen zweigeschossigen Keller. Im 17. Jahrhundert besaß dieses Haus der Chronist von Levoča Gašpar Hain, der es an die evangelische Kirche verschenkte. Es entstand hier das evangelische Lyzeum, an dem Professor Michal Hlaváček wirkte. Das Lyzeum wurde berühmt, als hier nach 1844, nach dem Weggang aus Bratislava, die Schüler von Ľudovít Štúr studierten.

Am Anfang unseres Jahrhunderts war in diesem Gebäude das Arbeiterhaus. In den Jahren 1975 - 1982 wurde das Haus rekonstruiert. Heute dient das Gebäude dem Zipser Museum, das hier eine ständige Exposition der bildende Kunst in der Zips hat. Beispiele des bildhauerischen Schaffens und der Malerei, sowie Erzeugnisse der Kunsthandwerke stellen die Entwicklung der bildenden Kunst in der Zips von der Gotik, über Renaissance, Barock und Klassizismus bis hin zur Kunst des 19. Jahrhunderts dar.

Das Exterieur und das Wandgemälde im Museum

Renaissanceportal aus dem Jahre 1530 im Gebäude des Museums

Das Mariássy - Haus

Einen Renaissancehof mit Arkaden, die für Levoča typisch sind, hat das Mariássy - Haus mit der Nummer 43. Es stammt aus dem 15. Jahrhundert und wurde im Jahre 1603 und 1683 umgebaut als das ungewöhnliche Portal, das an einen orientalischen Stil erinnert, errichtet wurde.

Innenhof des Mariássy - Hauses

Das Spillenberg - Haus

Das Haus Nummer 45 gehörte im 16. und 17. Jahrhundert einer bedeutenden Ärzte - und Apothekerfamilie. Es ist in Levoča das einzige zweigeschossige Gebäude aus der Zeit der Gotik und der Renaissance. An der Frontfassade hat es eine reiche Renaissanceverzierung. Über dem Eingangsportal befindet sich das Wappen der Familie mit dem Zeichen der Ärzte und der Apotheker - der Schlange. Unter dem Wappen finden wir ein künstlerisch geschmiedetes Gitter. Im Hof ist an dem Renaissancegeländer ebenfalls eine Schmiedearbeit.

Das Krupek - Haus

Die Nummer 44 hat das Haus des bedeutenden Krakauer Kaufmanns Sebastian Krupek, der sich in Levoča in der ersten Hälfte des 16. Jahrhunderts niederließ. Aus der zweiten Hälfte desselben Jahrhunderts stammt die reichverzierte Fassade, die illusorische Renaissancearchitektur mit reichen Quadrierungen darstellt. Über dem Portal befindet sich das Wappen der Familie Krupek und im Obergeschoß zwischen den Fenstern sehen wir figurale Szenen, die den hl. Sebastian, Mettercia und den hl. Christopher darstellen. Diese Wandgemälde entdeckte man bei der Rekonstruktion des Gebäudes in den Jahren 1979 - 1980.

Wandgemälde an der Fassade des Hauses

Das Theatergebäude

Das große Eckgebäude mit der Nummer 54 wurde im Jahre 1590 aus Bürgerhäusern in ein Gasthaus mit Unterkünften umgebaut. Im 18. Jahrhundert waren hier Kasernen. Das Stadttheater erbaute man im hinteren Teil des Gebäudes in den Jahren 1841 - 1853. Auch im vorderen Teil baute man das Gebäude um und errichtete hier einen Tanzsaal, ein Hotel, ein Restaurant und ein Café. Jetzt dient das Gebäude wieder seinem Zweck, es befinden sich hier ein Kammertheater und ein Konzertsaal.

Das Stadttheater

Das Hotel Satel

Stilvolle Räume, die als Unterkunft dienen, wurden nach der Rekonstruktion im Haus - Palast mit der Nummer 55 errichtet. Die Entwicklung dieses Gebäudes können wir von der Mitte des 16. Jahrhunderts verfolgen, seine Anfänge finden wir jedoch schon im 14. Jahrhundert. Zwei ursprüngliche Häuser wurden nach einem Brand im Jahre 1538 zusammengefügt. Das Haus war in Besitz von mehreren Eigentümern, bedeutenden Kaufleuten und Mitgliedern von Patrizierfamilien. Im Laufe der Jahre waren hier eine Bierbrauerei, eine Brennerei, Speicher u. a. Es überlebte auch einige Brände und nachfolgende Umbauten. Den größten Ruhm erlebte es nach 1660, als es der reiche Kaufmann internationalen Formats und Mitglied der gewählten Gemeinde, Hans Schwab besaß. Er ließ das Haus in einen prächtigen Palast umbauen. Aus dieser Zeit blieb über dem Portal die Jahreszahl 1663 erhalten. Hans Schwab stellte sein Haus auch den Evangeliken für Gottesdienste zur Verfügung. Nach der denkmalpflegerischen Erneuerung in den 70 - ger und 80 - ger Jahren dieses Jahrhunderts erstrahlte das Gebäude in voller Schönheit, um die Pracht der bürgerlichen Architektur von Levoča zu präsentieren.

Das Kinogebäude

Das Haus Nummer 58 ist ein Eckgebäude mit gotischem Portal, das sich im Inneren jedoch hinter der ursprünglichen Arkade und dem Laubengang befindet. Im Flur ist noch ein kleineres Portal und das Haus hat auch eine Balkendecke aus dem 17. Jahrhundert. Gegenwärtig dient das Gebäude als panoramatisches Kino und es befindet sich hier auch das Kultur- und Informationszentrum der Stadt.

Die Frontfassade des Kinogebäudes

Das große Gauhaus

Das große Gauhaus

Das große klassizistische Gebäude mit der Nummer 59 auf der nördlichen Seite des Platzes wurde für die Zwecke des Zipser Gaus in den Jahren 1806-1826 gebaut. Dem Architekten Anton Povolný aus der Stadt Eger gelang es einen der schönsten Bauten in diesem Stil in der Slowakei zu schaffen. Um es den Bürgerhäusern auf dem Platz anzupassen, betonte er die horizontalen Simse. Die Fassade zieren Steinreliefs, die Landwirtschaft, Bauwesen, Gerechtigkeit, Fleiß, Wissenschaft und Kunst symbolisieren. Es befinden sich hier auch Medaillons mit Reliefen von klassischen Philosophen. In dem Mittelteil der Fassade ist ein Balkon, der von Säulen getragen wird. Das Gebäude dient administrativen Zwecken und so hat es im Inneren einen großen Sitzungssaal, in dem die Generalkongregationen des Gaus stattfanden. Es gab hier auch Räume für kleinere Gauämter, Wohnungen hoher Gaubeamten, ein Gefängnis und Lager. Levoča war Sitz des Zipser Gaus bis zum Jahre 1923.

⓬ Das kleine Gauhaus

Das Nachbarhaus, das die Nummer 60 trägt, war Sitz der Gauämter bevor das große Gauhaus gebaut wurde. Danach blieben hier kleinere Gauämter und das Gefängnis. Seit 1911-1912, als man es erneuerte, bis zur heutigen Gegenwart befindet sich hier das Gauarchiv, das jetzt Bestandteil des

Das kleine Gauhaus

Staatlichen Gebietsarchivs von Levoča ist. Das Haus hat eine Sgraffito-Verzierung, zwischen den Fenstern ist das Wappen des Zipser Gaus abgebildet. Die Fassade wurde im Jahre 1983 restauriert.

BEDEUTENDE OBJEKTE IM HISTORISCHEN TEIL DER STADT

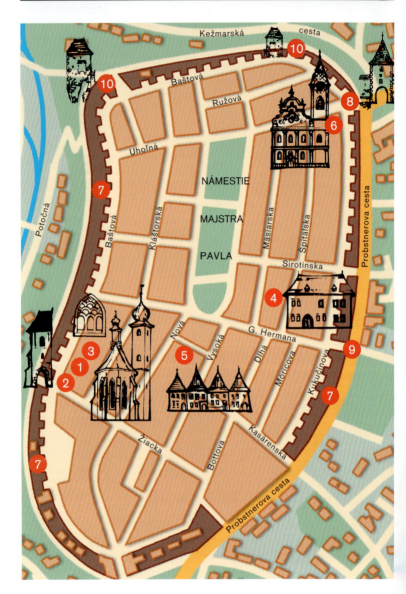

1. Alte Minoritenkirche
2. Polnisches Tor
3. Altes Minoritenkloster
4. Städtisches Zeughaus
5. Handwerkergassen
6. Barockkirche und Minoritenkloster
7. Stadtmauer
8. Košicer Tor
9. Menhart Tor
10. Bastei

Die alte Kirche der Minoriten

Am Ende der Klosterstraße steht die Kirche der Minoriten, auch Gymnasiumskirche genannt. Sie stammt aus der ersten Hälfte des 14. Jahrhunderts und zu ihrem Bau benutzte man das Geld, welches im Jahre 1309 der Magister Ritter Donč zur Verfügung stellte. Es ist eine der größten Kirchen in der Slowakei, die ein Beispiel hervorragender Baukunst aus der Epoche der Gotik darstellt. Sie wurde vom bekannten Bauhüttenwerk in Levoča errichtet. Im Jahre 1671 wurde das Schiff der Kirche im Barockstil umgebaut, Elemente der gotischen Architektur, die vor allem im Presbyterium erhalten blieben, sind jedoch tadellos: hinreißende Fensterrosetten, Kapitele und Füße der Gewölbe, Sitze der Würdenträger. Auch das barocke Interieur, das in den Jahren 1694-1697 in der Werkstatt des Tischlers schwedischer Herkunft Olaf Vavrinec Engelholm angefertigt wurde, beeindruckt den Besucher. Durch seine Mächtigkeit wirkt der Hauptaltar mit der gotischen Madonnenstatue aus dem 15. Jahrhundert und mit den barocken Statuen ungarischer Könige und jesuitischer Heiliger. Die Bilder der jesuitischen Heiligen sowie die Statuen der zwölf Apostel befinden sich auch auf den zwei wertvollen seitlichen Altären, deren gedrehte Säulen von Charitinnen gestützt werden. In der Kirche gibt es auch wertvolle Wandgemälde, die man bei der Erneuerung der Kirche in den 30-ger Jahren entdeckte. In der Sakristei befindet sich eine Malerei aus der ersten Hälfte des 14. Jahrhunderts, die die Kreuzigung darstellt, über dem Portal in die Sakristei ist der Tod und die Himmelfahrt der Jungfrau Maria abgebildet. An der nördlichen Wand des Schiffes können wir Moralitäten - Taten der Barmherzigkeit sehen, die realistisch abgebildet sind, im Gegensatz zum Dom des hl. Jakob, wo ihre Darstellung symbolisch ist.

Alte Minoritenkirche (Gymnasiumskirche)

② Das polnische Tor

An die Kirche der Minoriten schließt sich das polnische Tor an, das wahrscheinlich aus dem 15. Jahrhundert stammt. Es handelt sich um ein gotisches Tor, das einen Teil der Stadtbefestigung bildet. Es wurde in den Jahren 1981-1982 restauriert.

③ Das alte Minoritenkloster

Das Gebäude des alten Minoritenklosters, mit dem Paradieshof und mit einem von allen vier Seiten offenen Arkadenkreuzgang fügt sich an der Westseite an die innere Stadtmauer und an der Südseite an die Kirche an. An der Ostseite des Ganges waren der Kapitelsaal, das Refektorium und die Bibliothek. Der nördliche Flügel des Klosters wurde in der zweiten Hälfte des 17. Jahrhunderts umgebaut. Zum Umbau des Klosters kam es auch in den 30-ger Jahren des 20. Jahrhunderts, als die anliegende Kirche ebenfalls umgebaut wurde. Im Erdgeschoß des Klosters befindet sich der aus der Zeit seiner Entstehung in der Mitte des 14. Jahrhunderts stammende, einzige vollkommen erhaltene Kreuzgang in der Slowakei. Er ist mit Wandmalereien aus dem 15. und 16. Jahrhundert verziert. Auch andere Räumlichkeiten im Erdgeschoß sind mit gotischem Kreuzgewölbe eingewölbt. Heute befindet sich im Gebäude des alten Minoritenklosters ein kirchliches Gymnasium.

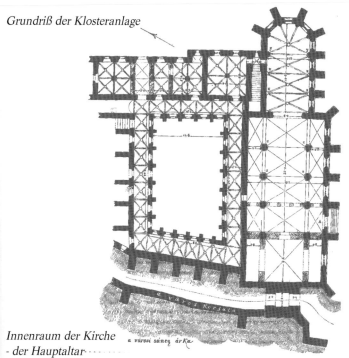

Grundriß der Klosteranlage

Innenraum der Kirche - der Hauptaltar

Der Kreuzgang im Minoritenkloster

❹
Das städtische Zeughaus

Das große gotische Eckgebäude in der Mäsiarska-Straße diente der Stadt als Zeughaus. Es wurde in den 30-ger Jahren dieses Jahrhunderts restauriert und dient heute als Depositorium des Zipser Museums. Ihm gegenüber befindet sich das Gebäude der ehemaligen städtischen Bierbrauerei aus der Mitte des 19. Jahrhunderts. Heute dient es gastwirtschaftlichen Zwecken.

❺
Die Handwerkerhäuser

Als Levoča Ende des 15. und im 16. Jahrhundert seinen größten Aufschwung erreichte, lebte in der Stadt eine zahlreiche Handwerkerschicht. Die Handwerker waren in mehr als 40 Zünften vereint. Vom hohen Niveau der Handwerke in Levoča zeugt auch ihre Spezialisierung, außer den geläufigen

Handwerkern arbeiteten hier Gärber, Kürschner, Sattler, Schlosser, Messerschmiede, Zinngießer u.a. Viele, bis in die heutige Zeit erhaltene Denkmäler beweisen das hohe Niveau der Kunsthandwerke. Wir können die Werke der Schnitzer, Bildhauer, Goldschmiede, Vergolder, Kupferstecher und Maler bewundern. Viele reiche Handwerker, die sich oft auch dem Handel widmeten, hatten ihre Häuser auf dem Platz, wie zum Beispiel Meister Paul von Levoča. Weitere hatten ihre Häuser in den Zugangsstraßen zum Platz. Die Handwerkerhäuser entstanden meistens im 16.-17. Jahrhundert als eingeschoßige oder zweigeschoßige Renaissancegebäude mit zwei oder auch drei Flügeln und Durchgängen. Nur einige sind ursprünglich gotisch. Meistens wurden sie im barocken und klassizistischen Stil umgebaut. In den Straßen rund um den Stadtkern, besonders im südlichen Teil der Stadt blieben außer den Handwerkerhäusern auch Häuser von Bauern und von städtischen Armen erhalten. Es ist dies typische Zipser Architektur mit abgekanteten Giebeln und über den Bürgersteig herausragenden Rinnen. Handwerkerhäuser kann man z.B. in der Špitálska-Straße, Nová- und Vysoká-Straße sehen.

Handwerkerhäuser auf dem Gemälde von Július Értékeš

Die Barockkirche und das Minoritenkloster

Die Kirche und der Komplex der Klostergebäude befinden sich hinter dem Košicer Tor. Sie sind auf der Stelle der ältesten Kirche von Levoča gebaut, die nach dem Brand im Jahre 1747 abgerissen wurde. Die Kirche wurde im Barockstil in den Jahren 1748-1755 gebaut. Das Ensemble der Klosterobjekte hat einen Grundriß in Form des Buchstaben U. Die Kirche ist einschiffig, im

hinteren Teil des Schiffes ist eine gemauerte Empore mit der Orgel. An der östlichen Seite wurde die Sakristei und in die Ecke der Turm gebaut. An der Stirnseite der Kirche ist ein Wandgemälde mit den Symbolen des Glaubens, der Hoffnung und der Liebe interessant. Die Einrichtung ist barock, franziskanisch. Das Innere zieren Wandgemälde vom Meister Ondrej Ignác Trtina von Prešov aus den Jahren 1758-1763, die Szenen aus dem Leben der Heiligen der Franziskaner darstellen. Auf dem Hauptaltar ist ein Bild des bekannten Malers Jozef Czauczik. Auf einem hinteren Altar kann man ein Gemälde von Theodor Böhm sehen, das die leidende Jungfrau Maria darstellt. Diese Kirche ist eine der wenigen Barockkirchen in der Zips, die erhalten blieben.

❼ Das Fortifikationssystem

Levoča war schon im 13. Jahrhundert von gewaltigen Stadtmauern umgeben, die um die ganze Stadt, außer an der Südseite, bis zur heutigen Zeit erhalten blieben. Bis zum 18. Jahrhundert wurden die Stadtmauern oftmals umgebaut und nachgebessert. Ursprünglich hatten sie eine Länge von 2,5 km. In die Stadt kam man durch drei Tore. Die oberen, heute das Košicer Tor und das Menhard-Tor, blieben bis in die Gegenwart erhalten, das dritte Tor wurde im vergangenen Jahrhundert abgerissen. Das Košicer Tor hatte ursprünglich eine Fallbrücke und eine Barbakane. Im Jahre 1982 wurde es rekonstruiert. Die Stadtmauern waren mit 13 bis 16 Basteien und Türmen befestigt, von denen fünf erhalten blieben. Die gesamte Stadtmauer wurde eigentlich von zwei Mauerstreifen gebildet, wobei der innere Streifen an manchen Stellen sogar eine Höhe von 8 m erreichte. Dahinter folgte eine 4,5 - 6 m breite Umzäunung und die Befestigungsmauer. Davor befand sich der Graben, den man nach Bedarf mit Wasser füllen konnte. Heute führen hinter den Stadtmauern an nördlicher und westlicher Seite Fußwege.

Östlicher Blick auf die Stadtmauer

Das Košicer Tor

Bastei mit Stadtmauern

DIE UMGEBUNG VON LEVOČA

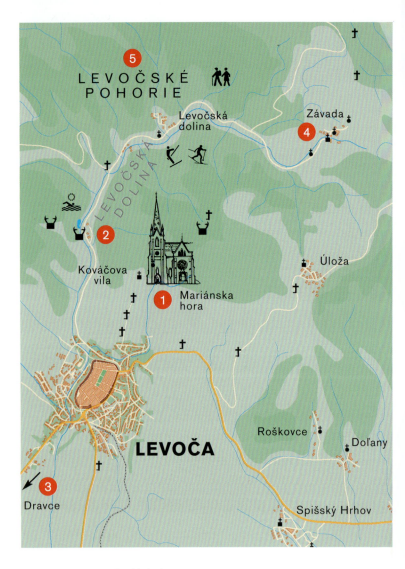

1 Marienberg
2 Autocamping Kováčova vila
3 Dravce
4 Závada
5 Gebirge Levočské pohorie

Der Marienberg

Die Dominante von Levoča bildet ein steiler Berg mit neugotischer Kirche - der Marienberg. Er ist einer der ältesten und bedeutendsten Wallfahrtsorte in der Slowakei. Man nimmt an, daß die Kapelle auf dem Marienberg Ausdruck des Dankes der Zipser für ihre Rettung während des Tatareneinfalls an diesem Ort in den Jahren 1241-1242 war. Auch die Archäologen fanden eine Burgstätte auf dem Hügel gleich hinter dem Marienberg, der auch heute als hrad - die Burg bezeichnet wird. Gerade hier konnten sich die Bewohner der Stadt in einer befestigten Burgstätte vor den Tataren retten. Zum Andenken an dieses Ereignis bauten sie sich eine Kapelle auf dem Berg unter der Burgstätte, wohin sie jährlich zusammen mit Bewohnern der Nachbardörfer Dankesprozessionen veranstalteten. So entstand die erste Pilgertradition. Um die Entwicklung des Marienkults bemühten sich die Minoriten, die sich in der ersten Hälfte des 14. Jahrhunderts in Levoča ein Kloster gründeten. Die Kapelle sowie der Wallfahrtsort blieben in Besitz und unter Verwaltung der Pfarrer von Levoča. Schon in dieser Zeit fanden regelmäßige Pilgerfahrten zum

Basilika der Jungfrau Maria auf dem Marienberg

Barmherzigkeitstatue aus der Jahrhundertwende vom 15. zum 16. Jahrhundert

Innenraum der Wallfahrtsbasilika

Marienberg statt, der schon damals unter diesem Namen bekannt war. Im Jahre 1322 ließ der Pfarrer von Levoča die ursprüngliche Kapelle restaurieren. Die Kapelle - kleine Kirche wurde im Jahre 1470 von dem Pfarrer Servácius umgebaut und vergrößert, um mehr Pilger aufnehmen zu können. Aus dieser Zeit stammt auch die spätgotische Plastik der Jungfrau Maria auf dem Hauptaltar. Die Pilgerfahrten auf den Marienberg wurden in der ganzen darauffolgenden Zeit fortgesetzt, sie brachen auch während der Reformationszeit nicht ab. Die Kapelle wurde im 18. und 19. Jahrhundert erneut erweitert. Im Jahre 1841 ließ der Pfarrer von Levoča für die griechisch - katholischen Gläubigen eine neue Kapelle bauen. Die neue Kirche wurde für die Pilger in den Jahren 1906-1914 gebaut. Am 2. Juli 1922 weihte der Zipser Bischof Ján Vojtašák den neugotischen Altar ein. Heute steht hier auch ein modernes Wallfahrtshaus. Im Jahre 1984 wurde die Kirche zu einer kleinen Basilika erhoben. Den Marienberg in Levoča besuchen jährlich Tausende von Pilgern, um hier geistige Kraft zu schöpfen. Im Jahre 1995 war er eines der Ziele des Besuches des Heiligen Vaters in der Slowakei.

② Autocamping Kováčova vila und der Stausee

Wenn wir in Levoča beim Košicer Tor in Richtung Levoča-Tal abbiegen, gelangen wir zum Autocampingplatz, der auch unter dem Namen Kováčova vila bekannt ist. Die Herkunft des ältesten Teils des Objektes reicht etwa in die Mitte des vergangenen Jahrhunderts und sein Name kommt von den ersten Besitzern her. In einer wunderschöner Umgebung sind hier Verpflegungs- und Übernachtungsmöglichkeiten. Nicht weit entfernt ist ein Stausee mit einer Wasserfläche von 3,5 ha, der für Wassersport und Fischfang geeignet ist. Hinter dem Campingplatz befinden sich Objekte der ehemaligen Levoča - Bäder. Im Levoča-Tal kann man auch das Kultur- und Naturdenkmal Kohlwald besuchen. In der Hütte, die im Schatten hundertjähriger Linden steht, trafen sich in den Jahren 1844-1848 die Anhänger von Štúr. Heute befindet sich in der Hütte eine literarische und volksgeschichtliche Exposition des Zipser Museums.

③ Dravce

Auf der Straße zwischen Spišský Štvrtok und Levoča liegt das Dorf Dravce, das in Schriften schon im Jahre 1263 erwähnt wird. Es befindet sich hier eine der ältesten Brücken in der Slowakei, eine gemauerte Steinbrücke mit gotischem Gewölbe, wahrscheinlich vom Ende des 13. Jahrhunderts. Aufgrund des Ausbaus der Straße ist sie nur noch schwer zu sehen. Wahrscheinlich aus dem gleichen Zeitraum stammt auch die Kirche mit den wertvollen Wandgemälden vom Anfang des 14. und 15. Jahrhunderts.

④ Závada

Weiter durch das Levoča-Tal gehend führt uns der Weg in das urwüchsige altertümliche Dorf Závada mit erhaltener Volksarchitektur. Eine schöne Naturumgebung mit ausgestatteten Abfahrts- und Schilaufterrains, sowie mit Unterkunftsmöglichkeiten, wurde zu einem Wintersport- und Erholungs zentrum.

Das Dorf Závada

⑤ Levoča - Berge

Levoča hat eine wunderschöne Umgebung, die Möglichkeiten für angenehme Spaziergänge und wenig anspruchsvolle touristische Wanderungen bietet. Die Stadt liegt am südlichen Fuß der Levoča-Berge, in denen gemischte Eichen-Buchenwälder versetzt mit Tannen und Ahornen, Wiesen und Weiden überwiegen. Durch das Gebirge führen gekennzeichnete Wege und es gibt hier gute Bedingungen sowohl für Sommer- als auch für Wintertouristik, Schifahren, Jägerei, Fischfang u.a. Bei den Spaziergängen auf den umgebenden Hügeln bietet sich eine wunderschöne Aussicht auf die nicht weit entfernte Hohe Tatra, die Niedere Tatra und das Slowakische Erzgebirge.

WOHIN VON LEVOČA AUS

Karte der historischen Zips

1 Spišská Kapitula
2 Spišský hrad (Zipser Burg)
3 Dreveník
4 Bijacovce
5 Hodkovce
6 Branisko
7 Žehra
8 Markušovce
9 Spišská Nová Ves
10 Slovenský raj (Slowakisches Paradies)
11 Spišský Štvrtok
12 Vrbov
13 Kežmarok
14 Poprad - Spišská Sobota
15 Vysoké Tatry (Hohe Tatra)

ÖSTLICHE RICHTUNG

❶ Spišská Kapitula

Das städtische Denkmalschutzgebiet und Zentrum der kirchlichen Verwaltungseinheit liegt am östlichen Hang des Berges Martinský kopec, westlich von Spišské Podhradie. Seit Ende des 12. Jahrhunderts war es der Sitz des Zipser Probsttums und später des Zipser Bistums. Die Dominante des Ortes bildet eine Kathedrale aus der ersten Hälfte des 13. Jahrhunderts in romanischem und spätgotischem Stil. Sie wurde mehrmals umgebaut. In den Jahren 1488-1499 wurde die Kapelle der Familie Zápoľský angebaut. Der

Spišská Kapitula

Hauptaltar des hl. Martin, sowie die weiteren Altäre sind spätgotisch aus dem 15. Jahrhundert. Bekannt ist auch die romanische Plastik Weißer Löwe. Gegenüber der Kathedrale steht der ursprünglich romanische, später gotisch und barock umgebaute Bischofspalast. Nicht weit entfernt blieben auch die Kanonien der Kapitelkanoniker erhalten. Das ganze Städtchen ist seit dem Anfang des 14. Jahrhunderts befestigt. Heute hat hier die theologische Fakultät ihren Sitz.

Spišský hrad

② Spišský hrad (Zipser Burg)

Eines der wertvollsten Denkmäler der Zips, ein nationales Kulturdenkmal, welches zusammen mit seiner Umgebung im Jahre 1993 in die Liste des Weltkultur- und Naturerbes der UNESCO eingetragen wurde. Mit seiner Fläche von mehr als 4 ha ist die Burg eine der größten Burganlagen in Mitteleuropa. Sie ist ein Beweis für die Entwicklung unserer Architektur vom 12. bis zum 18. Jahrhundert, wobei der Burgberg schon in jüngerer Steinzeit besiedelt war. Hier und auf dem benachbarten Berg Dreveník war das Verwaltungszentrum der Zips. Zu den ältesten Teilen der Burg gehören der runde Turm, der romanische Palast und andere Teile der oberen Burg aus dem 13. Jahrhundert. Vom Jahre 1464 an gehörte die Burg der Familie Zápoľský, im 16. Jahrhundert der Familie Thurza und letztendlich der Familie Csáky. Die Burg ist restauriert und für die Öffentlichkeit zugänglich. Es sind hier Museumsausstellungen installiert.

③ Dreveník

In der Nähe der Zipser Burg befindet sich das staatliche Naturschutzgebiet Dreveník. Es ist einer der größten und ältesten Travertinberge in der Slowakei mit wunderschönen Steintürmen, Höhlen und seltenen Pflanzen. Es befand sich hier eine Burgstätte.

Dreveník

④ Bijacovce

Das altertümliche Dorf unter der Zipser Burg war in der Vergangenheit ein Bestandteil ihres Herrengutes. Im Ort befindet sich eine Rotunde aus romanischen Zeiten, eine gotische Kirche mit wertvoller Pieta aus dem 15. Jahrhundert und kostbaren Wandgemälden. Ein spätbarockes Schloß diente den Besitzern der Burg.

⑤ Hodkovce

Ein weiteres Dorf, das jahrhundertelang zur Zipser Burg gehörte. Es blieb hier ein spätbarockes, klassizistisch umgebautes Schloß erhalten, um welches sich im 19. Jahrhundert ein romantischer französischer Park befand. Von ihm aus führt eine Lindenallee in das Steinparadies - den schönsten Teil von Dreveník.

⑥ Branisko

Ein markantes Bergmassiv, das die Grenze zwischen den Regionen Zips und Šariš bildet. Über den Bergpaß von Branisko führt eine Straße. Seltsame Steingebilde und Pflanzen bilden die Naturschutzgebiete Rajtopíky und Kamenná baba.

⑦ Žehra

Auf der rechten Seite der Straße von Hodkovce erscheint auf einem Hügel eine kleine Kirche mit Zwiebelturm, in der sich Schätze in Gestalt von wervollen Wandgemälden von hohem künstlerischen und historischen Wert befinden, die Bestandteil des Kulturerbes der UNESCO sind. Die Gemälde befinden sich an den Wänden des Presbytheriums, an dem Triumphbogen und an der gesamten nördlichen Wand. Sie entstanden etwa im Laufe des 13. - 15. Jahrhunderts und bilden einen in sich abgeschlossenen ikonographischen Zyklus. Sie erinnern an byzantinische Ikonen, wobei sich ihr Autor auch von der italienischen Malerei inspirieren ließ. In der Kirche, die ein typischer Vertreter der Architektur des Übergangsstils ist, befindet sich auch ein Taufstein aus dem 13. Jahrhundert, an der Säule das Wappen der Familie Žehra aus dem 15. Jahruhundert und weitere Statuen und Denkmäler aus dem 15. und 16. Jahrhundert. Erste schriftliche Erwähnungen über die Ortschaft und den Baubeginn der Kirche stammen aus dem Jahre 1245. Das Dorf gehörte der Adelsfamilie von Žehra und später den Herrschern der Zipser Burg.

Žehra

Wandgemälde in der Kirche des Hl. Geistes

SÜDLICHE RICHTUNG

⑧ Markušovce

Das Dorf gehört zu den ältesten in der Zips. Als Wach- und Grenzort entstand es etwa im 12. Jahrhundert. Über dem Ort dominiert die gotische Kirche des hl. Michael aus dem 13. Jahrhundert. Daneben sind Reste der Burg auch aus dem 13. Jahrhundert erhalten, die gegenwärtig nicht zugängig sind. Später wurde das Dorf zum Sitz der Familie Mariássy, die hier ursprünglich ein Renaissanceschloß baute, das später barock umgebaut wurde. Heute befindet sich hier eine Exposition von historischen Möbeln. Um das Schloß herum ist ein französischer Park, in dem das Rokokosommerhaus Dardanely steht. Hier befindet sich eine Ausstellung von Tastenmusikinstrumenten, die in der Slowakei hergestellt wurden. Gelegentlich veranstaltet man hier Konzerte mit klassischer Musik. In der Umgebung von Markušovce befindet sich ein geschütztes Naturgebilde, der Steinpilz von Markušovce.

Das Kastell

⑨ Spišská Nová Ves

Die Stadt entstand an der Stelle der alten slowakischen Siedlung Iglov. Zum ersten Mal wird sie im Jahre 1268 schriftlich erwähnt. Sie hat einen Hauptplatz in typischer Linsenform, auf dem die gotische Kirche aus dem 13. Jahrhundert dominiert. Sie ist Ausgangspunkt zum Slowakischen Paradies. Im nicht weit entfernten Čingov stellte man die Besiedelung durch die ältesten Slawen aus der vorgroßmährischen Zeit fest.

Slowakisches Paradies - Slovenský raj

   Im südwestlichen Teil des Bezirkes Spišská Nová Ves befindet sich auf einer Fläche von fast 20 Tausend ha der Nationalpark Slowakisches Paradies. Es ist ein Wunderwerk der Natur mit engen Cañons und Wasserfällen. Einmalige Schluchten sind durch gepflegte Wege und Leiter zugänglich. Stille Winkel des Flußes Hornád, der den Cañon namens Prielom Hornádu bildet, sind nicht nur zu Fuß, sondern auch mit Sportboten erreichbar. Bekannt sind hier Steingebilde wie z. B. Ihla (Nadel), Tomášovsky výhľad (Aussicht) u. a. Man findet hier auch den sagenumwogenen Zufluchtsfelsen, wo sich die Bewohner zu Zeiten der Tatareneinfälle versteckten und nicht weit entfernt auch archäologische Ausgrabungen des Kartäuserklosters.

Tomášovský výhľad

WESTLICHE RICHTUNG

⓫ Spišský Štvrtok

Am südwestlichen Rand der Levoča-Berge befindet sich diese Ortschaft, die zum ersten Mal im Jahre 1263 schriftlich erwähnt wurde. Im Mittelalter war Spišský Štvrtok ein bedeutendes Städtchen, später, im Jahre 1444 gelang es in die Hände von Ján Jiskra, der es befestigen ließ. Seit 1465 war es ein Untertanenstädtchen der Familie Zápoľský, später der Familien Thurza und Csáky. Im Jahre 1668 bauten hier Minoriten ein Kloster im frühbarocken Stil. Im Ort befindet sich eine gotische Kirche, deren Anfänge in die Zeit vor dem Tatareneinfall zurückzuführen sind. Von der ursprünglichen Ausstattung blieb die Pieta aus dem 14. Jahrhundert erhalten. Mit der Kirche ist die Kapelle der Familie Zápoľský verbunden. Der ungarische Palatin und Zipser Erbgauvorsteher Štefan Zápoľský ließ sie im Jahre 1473 bauen. Aus der ursprünglichen Begräbnisstätte wurde eine Familienkapelle. Mit ihrer Architektur zählt sie zu den Höhepunkten der Gotik in der Slowakei.

Die Kapelle der Familie Zápoľský

Vrbov

Die Straße von Levoča über Spišský Štvrtok in Richtung Jánovce entlanggehend führt uns die erste Seitenstraße rechts bis in das altertümliche Zipser Städtchen mit über 700 Jahre alter Geschichte. Es befindet sich hier ein bekanntes Thermalbad.

Kežmarok

Die Stadt ist dank ihrer vielen historischen Denkmäler sehr atraktiv. Sie liegt am Fuß der Hohen Tatra und wurde zum städtischen Denkmalschutzgebiet erklärt. Die städtischen Privilegien bekam sie im Jahre 1269, schon früher existierten hier jedoch slowakische Ansiedlungen. Kežmarok war eine freie Königsstadt, aber nach und nach gelangte es in die Abhängigkeit der Burgherren von Kežmarok, besonders der Familie Thököly, bis sie zur feudal herrschaftlichen Stadt wurde. Im Jahre 1651 gelang es der Stadt sich aus der Abhängigkeit freizukaufen. Es blieb hier das ursprünglich spätgotische Schloß der Thökölys mit Kapelle, die gotische Kirche des hl. Kreuzes mit Statuen von Meistern aus dem Kreis um Meister Paul von Levoča, ein wunderschöner Renaissanceglockenturm und das Rathaus erhalten. Am evangelischen Lyzeum wirkten viele bedeutende Literaten und Gebildete. Oft aufgesucht ist auch die evangelische Holzkirche und die neue evangelische Kirche im neubyzantinischen Stil mit der Begräbniskapelle von Imrich Thököly und viele andere Sehenswürdigkeiten.

Die Burg von Kežmarok

Der Hauptaltar der Kirche von Spišská Sobota

Poprad - Spišská Sobota

Ein Ortsteil von Poprad, dem Eingangstor zur Hohen Tatra, ist auch das Städtchen Spišská Sobota. Es entstand schon im 12. Jahrhundert und in der ersten Hälfte des 13. Jahrhunderts war es ein Marktstädtchen, von dem es auch seinen Namen erhielt (übersetzt Zipser Samstag). Die erste schriftliche Erwähnung ist aus dem Jahre 1256. Es ist ein städtisches Denkmalschutzgebiet. Kostbar ist hier die Kirche aus der Mitte des 13. Jahrhunderts, ursprünglich romanisch, später gotisch und im Renaissancestil umgebaut. Der Hauptaltar des hl. Georg stammt vom Meister Paul von Levoča aus dem Jahre 1516. Auch auf dem seitlichen spätgotischen Altar befindet sich eine Statue von ihm - die

Statue des hl. Antonius. Das Innere schmücken auch der Kreuzweg aus der Jahrhundertwende vom 15. zum 16. Jahrhundert und Epitaphe im Renaissance- und Barockstil. Der Glockenturm aus der Zeit der Renaissance stammt aus dem Jahre 1598. Auf dem Platz blieben schöne bürgerliche Häuser aus der Zeit der Renaissance etwa aus dem 16. - 17. Jahrhundert erhalten, davon viele auf gotischen Fundamenten. Spišská Sobota war ein Handwerker- und Bauerstädtchen und so finden wir hier auch eine Gruppe von Handwerkerhäusern mit typischen abgekanteten Holzgiebeln.

Die Hohe Tatra - Vysoké Tatry

Von Levoča, Kežmarok oder einer anderen Zipser Stadt, aber besonders von Poprad aus ist unser Hochgebirge - die Hohe Tatra leicht zugänglich. Beim Kennenlernen und Bewältigen der Hohen Tatra zeichneten sich Professoren des evangelischen Lyzeums von Kežmarok aus, die mit ihren Schülern regelmäßige Studienausflüge, besonders in die Gegend von Zelené pleso durchführten. Schon im 17. Jahrhundert wurden einige Gipfel bezwungen - z.B. Kežmarský, Bujačí und Slavkovský štít.

Die Mineraliensammlung des Jakub Buchholtz und später die gedruckten Nachrichten regionaler Forscher lockten Wissenschaftler weltbekannter Namen hierher. Im Jahre 1793 wurde die Ortschaft Stary Smokovec gegründet, das erste touristische Zentrum und Ausgangspunkt für Wander- und Bergsteigertouren. Das Erschließen der Hohen Tatra mit der Eisenbahn auf der Strecke Košice - Bohumín im Jahre 1871 regte die Entstehung weiterer Ortschaften in der Tatra, genauso wie die der Zufluchtsorte für Bergsteiger und Hütten, sowie die Entwicklung des Reiseverkehrs und der Touristik an. Heute ist die Hohe Tatra ein klimatisches Bad, Touristen- und Freizeitzentrum. Auf dem Gebiet der Hohen Tatra erstreckt sich ein Nationalpark.

Hohe Tatra - Štrbské pleso

INFORMATIONEN

Kultur - Informationszentrum
Námestie Majstra Pavla 58, 05401 Levoča .... tel.: 053 - 451 37 63, 16188
.... fax: 053 - 451 37 63
.... e-mail: ikle@levoca.sk
.... www.levoca.sk

Mesto Levoča
Mestský úrad Levoča
Námestie Majstra Pavla 4, 054 01 Levoča .... .tel.: 053 - 451 24 67
.... fax: 053 - 451 22 46
.... e-mail: mesto@levoca.sk
.... www.levoca.sk

BANKEN UND WECHSELSTUBEN
Všeobecná úverová banka, N. Majstra Pavla 38 .... 053 - 451 43 17
UNI Bank, Košická 11 .... 053 - 451 47 41
Slovenská sporiteľňa, N. Majstra Pavla 56 .... 053 - 451 01 26

KIRCHEN, MUSEEN, GALERIEN

Gotischer Dom des hl. Jakob, Námestie Majstra Pavla 3, Levoča
.... 053 - 451 23 47

Basilika der Jungfrau Maria - Wallfahrtkirche, Mariánska hora
.... 053 - 451 28 26

Barocke Kirche des Hl. Geistes, Košická ul. 2 .... 053 - 451 45 70
Die Kirche wird auf Ersuchen von Minoriten aus dem Kloster bei der Kirche geöffnet.

Gotische Gymnasiumskirche und Klosteranlage
Eintritt für Gruppenbesuche begrenzt, Besichtigungen der Kirche sind nur vor dem Beginn des Gottesdienstes möglich.

Haus des Meisters Paul – Museum .... 053 - 451 34 96
Námestie Majstra Pavla 20, Levoča .... e-mail: muzeumle@isternet.sk

Exposition der bildenden Kunst in der Zips - Museum .... 053 - 451 27 86
Námestie Majstra Pavla 40, Levoča .... e-mail: muzeumle@ isternet.sk

Das Rathaus – Museum .... 053 - 451 24 49
Námestie Majstra Pavla 2, Levoča .... e-mail muzeumle@isternet.sk

Museum des Spezialschulwesens .... 053 - 451 28 63
Námestie Majstra Pavla 28, Levoča

Spišský hrad/Zipser Burg Spišské Podhradie (15 km) ..... 053 - 454 13 36
.... e-mial: muzeumle@isternet.sk

Spišská Kapitula Spišské Podhradie (14 km)
Romanisch - gotische Kathedrale wird auf Ersuchen laut der Anweisung an der Tür
geöffnet. .... 053 - 454 11 18
.... 053 - 450 22 08

INHALT

EINFÜHRUNG 5
    Der Stadtplan - Strassenverzeichnis 6-7
LEVOČA IM LAUFE DER JAHRHUNDERTE
    Das alte Levoča 9
    Neues mittelalterliches Levoča 10
    Auf dem Höhepunkt seines Ruhms 13
    In der Periode der Standesaufstände 16
    Levoča am Anfang einer neuen Epoche 19
    Levoča im XX. Jahrhundert 20
FÜHRER DURCH DIE STADT UND UMGEBUNG
DENKMÄLER IM ZENTRUM DER STADT 22
    Der Platz des Meisters Paul, Der Dom des heiligen Jakob 23
    Das Werk des Meisters Paul von Levoča 30
    Das Rathaus 32
    Der Käfig der Schande 33
    Der Glockenturm, Das Handelshaus, Die evangelische Kirche 34
BEDEUTENDE BÜRGERHÄUSER AUF DEM PLATZ DES MEISTERS PAUL 36
    Bürgerhaus 37
    Das Thurza Haus 39
    Das Haus des Meisters Paul 41
    Das Gebäude der ehemaligen Druckerei, Geschichte des Buchdrucks 42
    Das Museum der bildenden Kunst in der Zips 43
    Das Mariássy - Haus 46
    Das Spillenberg - Haus, Das Krupek - Haus 47
    Das Theatergebäude 48
    Das Hotel Satel, Das Kinogebäude 49
    Das große Gauhaus, Das kleine Gauhaus 50
BEDEUTENDE OBJEKTE IM HISTORISCHEN TEIL DER STADT 52
    Die alte Kirche der Minoriten 53
    Das polnische Tor, Das alte Minoritenkloster 55
    Das städtische Zeughaus, Die Handwerkerhäuser 56
    Die Barockkirche und das Minoritenkloster 57
    Das Fortifikationssystem 60
DIE UMGEBUNG VON LEVOČA 62
    Der Marienberg 63
    Autocamping Kováčova vila, Dravce 66
    Závada, Levoča - Berge 67
WOHIN VON LEVOČA AUS 68
    Spišská Kapitula 69
    Spišský hrad - Zipser Burg, Dreveník 70
    Bijacovce, Hodkovce, Branisko 71
    Žehra 72
    Markušovce, Spišská Nová Ves 74
    Slovenský raj - Slowakisches Paradies 75
    Spišský Štvrtok 76
    Vrbov, Kežmarok 77
    Poprad - Spišská Sobota 78
    Vysoké Tatry - Die Hohe Tatra 79
INFORMATIONEN 81